Meditações de Um Curso em Milagres

Meditações de Um Curso em Milagres

Citações Inspiradoras da Sabedoria Universal

Tradução
Denise de C. Rocha Delela

EDITORA PENSAMENTO
São Paulo

Título original: Meditations from A Course in Miracles.

Design Copyright © 2007 Ivy Press Limited.

Publicado originalmente em inglês em 2007 por Barnes & Noble, Inc., East Sussex, Inglaterra, mediante acordo com Ivy Press.

Todos os direitos reservados. Nenhuma parte deste livro pode ser reproduzida ou usada de qualquer forma ou por qualquer meio, eletrônico ou mecânico, inclusive fotocópias, gravações ou sistema de armazenamento em banco de dados, sem permissão por escrito, exceto nos casos de trechos curtos citados em resenhas críticas ou artigos de revistas.

Trechos extraídos da edição de 1975 de Um Curso em Milagres, publicado pela Foundation for Inner Peace, Inc.
P.O. Box 598
Mill Valley
CA 94942
USA

A Editora Pensamento-Cultrix Ltda. não se responsabiliza por eventuais mudanças ocorridas nos endereços convencionais ou eletrônicos citados neste livro.

Criado, ilustrado e produzido por IXOS Press, uma divisão da Ivy Press
The Old Candlemakers, West Street, Lewes, East Sussex BN7 2NZ, UK.

Diretor de criação: Peter Bridgewater
Publisher: David Alexander
Diretora editorial: Caroline Earle
Editora-chefe de projeto: Hazel Songhurst
Diretora de arte: Sarah Howerd
Designer: Simon Goggin

Dados Internacionais de Catalogação na Publicação (CIP)
(Câmara Brasileira do Livro, SP, Brasil)

> Schucman, Helen, 1909-1981.
> Meditações de Um curso em milagres: citações inspiradoras da sabedoria universal / Helen Schucman, William Thetford ; tradução Denise de C. Rocha Delela – São Paulo : Pensamento, 2007.
>
> Título original: Meditations from A course in miracles
> ISBN 978-85-315-1502-6
>
> 1. Citações 2. Foundation for Inner Peace 3. Meditações 4. Movimento da Nova Era 5. Paz de espírito 6. Vida espiritual – Movimento da Nova Era I. Thetford, William, 1923-1988. II. Título.
>
> 07-5536   CDD-299.93

Índices para catálogo sistemático:
1. Meditações : Movimento da Nova Era :
Religiões de natureza universal   299.93

O primeiro número à esquerda indica a edição, ou reedição, desta obra. A primeira dezena à direita indica o ano em que esta edição, ou reedição, foi publicada.

Edição	Ano
1-2-3-4-5-6-7-8-9-10-11-12	07-08-09-10-11-12-13-14

Direitos de tradução para a língua portuguesa
adquiridos com exclusividade pela
EDITORA PENSAMENTO-CULTRIX LTDA.
Rua Dr. Mário Vicente, 368 — 04270-000 — São Paulo, SP
Fone: 6166-9000 — Fax: 6166-9008
E-mail: pensamento@cultrix.com.br
http://www.pensamento-cultrix.com.br
que se reserva a propriedade literária desta tradução.

Sumário

Introdução	6
Meditações sobre a Adversidade	12
Meditações sobre o Conhecimento	24
Meditações sobre as Verdades Universais	42
Meditações sobre a Fé e a Oração	64
Meditações sobre a Paz	80
Meditações sobre o Perdão e a Caridade	90
Meditações sobre o Ego	104
Meditações sobre o Amor e os Relacionamentos	118
Meditações sobre o Medo	130
Meditações sobre o Tempo	142
Índice Remissivo	158
Agradecimentos	160

INTRODUÇÃO

Introdução

A primeira edição de *Um Curso em Milagres* foi publicada pela Foundation for Inner Peace [Fundação para a Paz Interior] em meados de 1975. Mais de trinta anos depois – e meio milhão de cópias impressas – essa obra continua sendo um fenômeno editorial. Milhares de pessoas também passaram pelos cursos da Foundation for Inner Peace, em Temecula, na Califórnia – uma organização fundada em 1983 com o objetivo de expandir a compreensão dos alunos com relação ao *Curso* – e por outras organizações semelhantes ao redor do mundo.

Em *Meditações de Um Curso em Milagres* você encontrará uma seleção de citações extraídas do livro original e organizadas tematicamente ao longo de oito tópicos. Ele pode ser lido do começo ao fim, aberto numa página ao acaso ou consultado por meio do índice remissivo, que remete o leitor diretamente para o assunto de seu interesse.

O *Curso* é, na verdade, um sistema completo de estudo autodidata acerca do pensamento espiritual, que ilustra o caminho para o amor e a paz universais, por meio de um processo de perdão e absolvição de toda culpa.

INTRODUÇÃO

Embora grande parte de *Um Curso em Milagres* tenha sido escrita em linguagem cristã tradicional, seus ensinamentos e sua mensagem são universais.

A maneira como ele veio a existir é uma história fascinante. Seus autores, Helen Schucman e William Thetford, eram, no início dos anos de 1960, professores de psicologia clínica da Faculdade de Medicina e Cirurgia da Universidade de Colúmbia, na cidade de Nova York. Ambos eram psicólogos preocupados em fazer carreira e não se consideravam pessoas espiritualizadas. Na realidade, o relacionamento profissional dos dois era tão conturbado que eles concordaram em achar "um outro jeito" para resolver as tensões que existiam entre eles.

Pouco tempo depois, Helen começou a ter sonhos extremamente vívidos e às vezes perturbadores, cheios de imagens altamente simbólicas, episódios psíquicos e visões. Toda a experiência foi adquirindo um matiz religioso, com a figura de Jesus cada vez mais presente. Em seus sonhos, Helen ouvia uma voz interior e, em 21 de outubro de 1965, essa voz já familiar disse a ela: "Este é um Curso em

INTRODUÇÃO

Milagres". Aflita, Helen telefonou para William e ele imediatamente concordou em começar a registrar o que Helen ouvia. Helen ditava o que lhe era transmitido em seus sonhos e William datilografava – um processo diário que se prolongou por sete anos. No final desse período, eles concluíram o que agora se intitula *Um Curso em Milagres*, uma obra composta de três livros: o Texto, de 721 páginas; o Livro de Exercícios para estudantes, de 512 páginas; e o Manual de Professores, de 94 páginas. O *Curso* pode ser resumido por meio deste trecho singelo dele extraído:

Nada real pode ser ameaçado
Nada irreal existe
Nisso está a paz de Deus.

Nós consideramos a experiência de compilar este livro inspiradora e ao mesmo tempo elucidativa. Esperamos que a sua leitura o leve a descobrir os imensos tesouros presentes nas páginas de *Um Curso em Milagres* e que isso, por sua vez, o leve a vislumbrar uma vida mais repleta de milagres.

Meditações sobre a Adversidade

MEDITAÇÕES SOBRE **A ADVERSIDADE**

Sobre não admitir dor

Nada pode ferir-te a não ser que tu lhe dês o poder para tanto.

SOBRE NÃO ADMITIR DOR

MEDITAÇÕES SOBRE **A ADVERSIDADE**

Sobre o poder curador do tempo

Podes imaginar o que significa não ter cuidados, preocupações, ansiedades, mas apenas ser perfeitamente calmo e sereno o tempo todo? Entretanto, é para isso que serve o tempo, para aprender só isso e nada mais.

SOBRE O PODER CURADOR DO TEMPO

MEDITAÇÕES SOBRE **A ADVERSIDADE**

Sobre o poder
dos milagres

Este mundo está cheio de milagres.
Eles estão em silêncio radiante ao lado de cada
sonho de dor e de sofrimento, de pecado e de
culpa. Eles são a alternativa para o sonho, a escolha
de ser o sonhador em vez de negar o papel ativo na
criação do sonho.

SOBRE O PODER DOS MILAGRES

MEDITAÇÕES SOBRE **A ADVERSIDADE**

Sobre destrancar a porta do Céu

Tudo o que precisas fazer é desejar que o Céu te seja dado no lugar do inferno, e cada tranca ou barreira que parece manter a porta fortemente trancada com firmeza meramente se desfará e desaparecerá.

SOBRE DESTRANCAR A PORTA DO CÉU

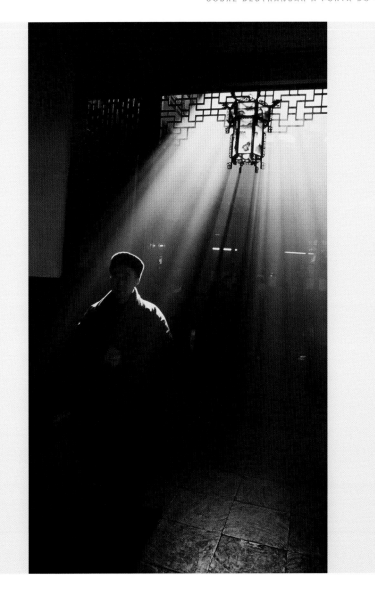

MEDITAÇÕES SOBRE **A ADVERSIDADE**

Sobre as lições da vida

As provações são apenas lições que falhaste em aprender,
apresentadas mais uma vez, de modo que onde antes
fizeste uma escolha inadequada agora possas fazer
outra melhor e assim escapar de toda a dor que o que
escolheste antes trouxe a ti.

SOBRE AS LIÇÕES DA VIDA

Meditações sobre o Conhecimento

MEDITAÇÕES SOBRE **O CONHECIMENTO**

Sobre a chave para ensinar

Todo bom professor espera dar aos seus alunos tanto do seu próprio aprendizado que, um dia, não mais necessitem dele. Essa é a única meta verdadeira do professor.

SOBRE A CHAVE PARA ENSINAR

Sobre a mudança no teu modo de ver

... não busques mudar o mundo, mas escolhe mudar a tua
mente sobre o mundo. A percepção é um resultado e
não uma causa.

SOBRE A MUDANÇA NO TEU MODO DE VER

MEDITAÇÕES SOBRE O CONHECIMENTO

Sobre evitar distorcer a realidade

A fantasia é uma tentativa de controlar
a realidade de acordo com necessidades falsas.
Torce a realidade em qualquer sentido e estás
percebendo de maneira destrutiva.

SOBRE EVITAR DISTORCER A REALIDADE

MEDITAÇÕES SOBRE O CONHECIMENTO

Sobre ter fé como professor

Um bom professor tem que acreditar nas idéias
que ensina, mas tem que preencher ainda outra
condição: tem que acreditar nos alunos a quem
oferece as idéias.

SOBRE TER FÉ COMO PROFESSOR

MEDITAÇÕES SOBRE **O CONHECIMENTO**

Sobre reconhecer o valor do que tens

O que é que a ti mesmo ensinaste que possas realmente preferir manter no lugar do que *tens* e do que *és*?

SOBRE RECONHECER O VALOR DO QUE TENS

Sobre permanecer sempre aberto ao aprendizado

Aqueles que se lembram sempre de que nada sabem e que se dispuseram a aprender todas as coisas, irão aprendê-las. Mas sempre que confiarem em si mesmos, nada aprenderão. Destruíram sua motivação para aprender por acharem que já sabem.

SOBRE PERMANECER SEMPRE ABERTO AO APRENDIZADO

Sobre ser verdadeiro contigo mesmo

Todas as estradas que levam para longe do que tu realmente és te conduzirão à confusão e ao desespero.

SOBRE SER VERDADEIRO CONTIGO MESMO

MEDITAÇÕES SOBRE O CONHECIMENTO

Sobre evitar a tentação

Sê vigilante contra a tentação,
lembrando-te então de que não
passa de um desejo, insano e sem
significado, de fazer de ti uma coisa
que não és. E pensa igualmente nessa
coisa que serias em vez disso.

SOBRE EVITAR A TENTAÇÃO

Meditações sobre as Verdades Universais

MEDITAÇÕES SOBRE **AS VERDADES UNIVERSAIS**

Sobre reconhecer o instante santo

O instante santo não é um instante de criação, mas de reconhecimento. Pois o reconhecimento vem da visão e da suspensão do julgamento. Só então é possível olhar para dentro e ver o que tem de estar lá, plenamente visível e totalmente independente de inferência e julgamento.

SOBRE RECONHECER O INSTANTE SANTO

Sobre compreender os menos favorecidos

Se não tens nenhum investimento em coisa alguma deste mundo, podes ensinar aos pobres onde está o tesouro que lhes pertence. Os pobres são simplesmente aqueles que investiram de maneira equivocada e eles, de fato, são pobres!

SOBRE COMPREENDER OS MENOS FAVORECIDOS

MEDITAÇÕES SOBRE **AS VERDADES UNIVERSAIS**

Sobre compreender a natureza da verdade

A verdade não vacila; ela é sempre verdadeira.

Qualquer coisa que seja verdadeira é eterna, e não pode mudar nem ser mudada. O espírito é, portanto, inalterável, porque já é perfeito, mas a mente pode eleger a que escolhe servir.

SOBRE COMPREENDER A NATUREZA DA VERDADE

Sobre proteger a verdade

A melhor defesa, como sempre,
é não atacar a posição do outro, mas,
em vez disso, proteger a verdade.

SOBRE PROTEGER A VERDADE

MEDITAÇÕES SOBRE AS VERDADES UNIVERSAIS

Sobre a pureza da verdade

A busca da verdade não é senão procurar honestamente
tudo o que interfere com a verdade. A verdade *é*. Não pode
ser perdida, nem buscada, nem encontrada.

SOBRE A PUREZA DA VERDADE

MEDITAÇÕES SOBRE **AS VERDADES UNIVERSAIS**

Sobre o sacrifício

Pois, se existe sacrifício, alguém tem que pagar e alguém tem que ganhar. E a única questão que permanece é a de saber qual é o preço e para ganhar o quê.

SOBRE O SACRIFÍCIO

MEDITAÇÕES SOBRE **AS VERDADES UNIVERSAIS**

Sobre aceitar o teu caminho na vida

O teu caminho está decidido. Não haverá coisa nenhuma que não te seja dita, se tomares conhecimento disso.

SOBRE ACEITAR O TEU CAMINHO NA VIDA

MEDITAÇÕES SOBRE **AS VERDADES UNIVERSAIS**

Sobre escolhas

Tu és livre para acreditar no que escolheres, e o que
fazes atesta o que acreditas.

MEDITAÇÕES SOBRE **AS VERDADES UNIVERSAIS**

Sobre olhar além do que os olhos vêem

As aparências enganam, mas podem ser mudadas. A realidade é imutável. Ela não engana de modo algum, e se falhas em ver o que está além das aparências, tu *estás* enganado.

SOBRE OLHAR ALÉM DO QUE OS OLHOS VÊEM

MEDITAÇÕES SOBRE **AS VERDADES UNIVERSAIS**

Sobre evitar falsos valores

Tens fé no nada e acharás o "tesouro" que buscas.
Entretanto, irás acrescentar mais um fardo à tua mente já
carregada. Acreditarás que o nada tem valor e o valorizarás.
Um pedacinho de vidro, um montinho de pó, um corpo ou
uma guerra são um só para ti. Pois se valorizas algo feito do
nada, acreditas que o nada pode ser precioso e que podes
aprender a fazer com que o falso seja verdadeiro.

SOBRE EVITAR FALSOS VALORES

Meditações sobre a Fé e a Oração

Sobre reconhecer o irreconhecível

Toda mágica é uma tentativa de reconciliar o irreconciliável. Toda religião é o reconhecimento de que o irreconciliável não pode ser conciliado.

SOBRE RECONHECER O IRRECONHECÍVEL

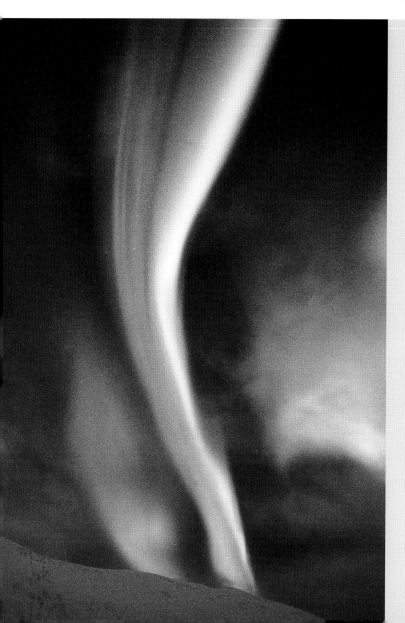

MEDITAÇÕES SOBRE **A FÉ E A ORAÇÃO**

Sobre a tolice que
é pedir por coisas

Todos que já tentaram usar a oração para pedir alguma coisa vivenciaram o que aparenta ser um fracasso.

SOBRE A TOLICE QUE É PEDIR POR COISAS

MEDITAÇÕES SOBRE **A FÉ E A ORAÇÃO**

Sobre olhar além do que tu vês

Estejas disposto, por um instante, a deixar os teus altares livres do que depositaste sobre eles, e o que realmente lá está não podes deixar de ver.

MEDITAÇÕES SOBRE **A FÉ E A ORAÇÃO**

Sobre pedir perdão

A oração é um modo de pedir alguma
coisa. É o veículo dos milagres. Mas a
única oração que tem sentido é a que
pede o perdão, porque aqueles que foram
perdoados têm tudo.

ERT J SANDERS • JACK H SHOOP Jr • ARTHUR J SANDERS • LEWIS L
NCAN P SMYLY • JAMES R SPELLER • HARRY E STEPHENS • JAMES E
VIN W VAN ORDEN Jr • DANIEL VARELA • ANTHONY VIGIL • RICHA
ARLES J WATTERS • REMER G WILLIAMS • JOEL S WILLIAMSON • RO
IS G W ARNOLD • GREGORY C BAUER • BRUCE M BENZING • NEA
ERT T BLY • HARVEY L BROWN III • RICHARD J BUSENLEHNER • D
ROSE J CERENE • THOMAS L CORBETT • CLAUDE L CRAWFORD
ND D'AGOSTINO • LARRY A D'ENTREMONT • ROBERT P DEGEN • L
IN M DUNBAR • JAMES C FARLEY • GREGORY S FENNIMORE • MI
ARLES R CREWS • JUAN M GARCIA • MICHAEL J GLADDEN • HERB
MEN R POWELL • WILLIAM T HAGERTY • CLARENCE HALL • BOBBY
AM D HERST • AARON K HERVAS • KENNETH J JAC OBSON • L
ON J LANGLEY • CARLOS J LOZADA • ROGER D MABE • JOHN J
CY H MURREY • JOSH C NOAH • JAMES W NOTHERN • WATTA
ERT E PACIOREK • THELBERT G PAGE • JOSEPH PANNELL • JAMES R
NETH A PETERSON • ARNOLD PINN • DENNIS GREENWALD • L
SANCHEZ • ERNEST R TAYLOR Jr • JOHN W SMITH • ERVIN L
NK E STOKES • ROBERT T SZYMANSKI • JEROME C SHOMAKER • L
ERT TYLER • ERNESTO VILLARREAL • THOMAS J WADE • EARL K WEB
UEL J WILLIAMS • JOHN R WOLF • JOHN W WOOTEN • RONALD
TE BAHNSEN • WILLARD T BATEMAN • WILLIAM A BEAUDIEN • DA
KY M BRIXEY • DAVID L EATON • HAROLD BURTON • RODGER K
ROLD O CRUMBIE • FRED R DODE • WILLIE LEE BROADNAX • KINN
LIAM G HINKLE • DAVID E HOMMEL • FLOYD A HYDER • ROBERT
YD McDONALD • ROBERT W LINDGREN • ROLAND W MANUEL • R
IN A PORTER • ROBERT L McLEOD • VAUGHN T O NEIL • RAYMOND
UD R REYNOLDS • JESSE E SMITH • OLIS R RIGBY • JESUS D RIVERA-M
LS A WATSON • RONALD G SMITH • MICHAEL J SULLIVAN • L
RAY CUBIT • JEROME P WEBER • THOMAS B ALLEN • SHELDON
NALD W HOLLENBACH • MARSHALL F FRENG • KENNETH E GREEN
VEN P MAUCK • JERRY D JOH

MEDITAÇÕES SOBRE **A FÉ E A ORAÇÃO**

Sobre encontrar as respostas dentro de ti

Não olhes para ídolos.
Não busques fora de ti mesmo.

SOBRE ENCONTRAR AS RESPOSTAS DENTRO DE TI

MEDITAÇÕES SOBRE **A FÉ E A ORAÇÃO**

Sobre lembrar-te do teu verdadeiro propósito

Sempre que fores tentado a empreender
uma jornada inútil que te conduzirá
para longe da luz, lembra-te do que
realmente queres...

SOBRE LEMBRAR-TE DO TEU VERDADEIRO PROPÓSITO

Sobre a ausência de fé

A ausência de fé é doença. É como uma casa construída sobre palha. Ela parece ser bastante sólida e ter substância em si mesma. No entanto, a sua estabilidade não pode ser julgada à parte do seu fundamento. Se a sua base é de palha, não há necessidade de bloquear a porta e de trancar as janelas, fechando os ferrolhos. O vento soprará, a chuva cairá e ela será carregada para o esquecimento.

SOBRE A AUSÊNCIA DE FÉ

Meditações sobre a Paz

MEDITAÇÕES SOBRE **A PAZ**

Sobre não esconder nada

Quando tiveres passado a estar disposto a não esconder
nada, não só estarás disposto a entrar em comunhão,
mas também compreenderás a paz e a alegria.

SOBRE NÃO ESCONDER NADA

MEDITAÇÕES SOBRE **A PAZ**

Sobre encontrar a verdadeira paz

Não penses que compreendes coisa alguma
enquanto não passares no teste da paz perfeita, pois
a paz e a compreensão caminham juntas e nunca se
pode encontrar uma sem encontrar a outra.

MEDITAÇÕES SOBRE **A PAZ**

Sobre livrar-te do ódio

O sangue do ódio se desvanece para deixar que a grama
verde cresça novamente e as flores sejam todas brancas e
resplandecentes ao sol de verão.

SOBRE LIVRAR-TE DO ÓDIO

MEDITAÇÕES SOBRE **A PAZ**

Sobre permanecer com a mente aberta

Só aquele que tem a mente aberta pode ficar
em paz, pois só ele vê razão para isso.

SOBRE PERMANECER COM A MENTE ABERTA

Meditações sobre o Perdão e a Caridade

MEDITAÇÕES SOBRE O PERDÃO E A CARIDADE

Sobre compreender a natureza do perdão

O perdão é o fim do especialismo.
Só as ilusões podem ser perdoadas, e então desaparecem.
O perdão é a liberação de todas as ilusões, e por isso é impossível perdoar apenas parcialmente.

SOBRE COMPREENDER A NATUREZA DO PERDÃO

MEDITAÇÕES SOBRE **O PERDÃO E A CARIDADE**

Sobre o preço de dar

O custo de dar é receber.
Ou uma penalidade que te fará sofrer
Ou a aquisição feliz de um tesouro para valorizar.

SOBRE O PREÇO DE DAR

Sobre a caridade

A caridade é um modo de olhar para o outro
como se ele já estivesse muito além de
suas realizações fatuais no tempo.
Como o seu próprio pensamento é falho
ele não consegue ver a Expiação para si mesmo,
ou não necessitaria de caridade.

SOBRE A CARIDADE

MEDITAÇÕES SOBRE **O PERDÃO E A CARIDADE**

Sobre a chave
do perdão

O perdão só remove o que não é verdadeiro,
alçando as sombras deste mundo
e carregando-o, são e salvo dentro da
sua gentileza, para o mundo fulgurante
da percepção nova e pura.

SOBRE A CHAVE DO PERDÃO

99

MEDITAÇÕES SOBRE **O PERDÃO E A CARIDADE**

Sobre reconhecer o que é importante

Reconhece o que não importa,
e se os teus irmãos te pedirem algo
"ultrajante", faze, justamente porque não importa.
Recusa, e a tua oposição estabelece
que isso importa para ti.

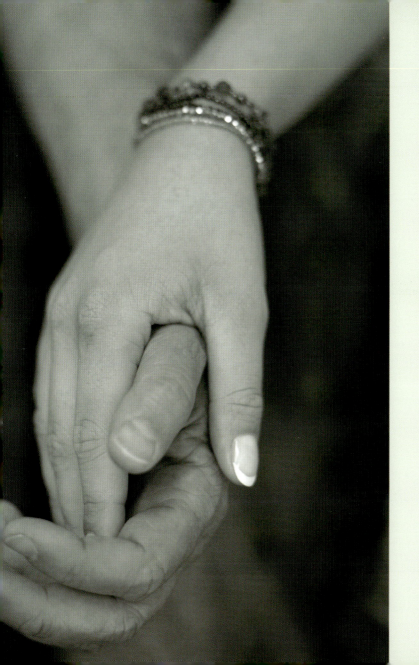

MEDITAÇÕES SOBRE **O PERDÃO E A CARIDADE**

Sobre deixar o passado para trás

Perdoa o passado e deixa-o ir, pois ele *já* se foi.

SOBRE DEIXAR O PASSADO PARA TRÁS

Meditações sobre o Ego

MEDITAÇÕES SOBRE **O EGO**

Sobre compreender o ego

O ego é uma tentativa da mentalidade errada
de perceber a ti mesmo como gostarias de ser,
em vez de como és. No entanto, só podes
conhecer a ti mesmo como és,
pois essa é a única certeza que podes ter.
Todo o resto é discutível.

SOBRE COMPREENDER O EGO

MEDITAÇÕES SOBRE O EGO

Sobre tomar decisões egoístas

Sempre que escolhes tomar decisões por conta própria, estás pensando de maneira destrutiva e a decisão estará errada.

Ela te ferirá devido ao conceito de decisão que levou a ela.

Não é verdade que tu possas tomar decisões por ti mesmo ou para ti mesmo sozinho.

SOBRE TOMAR DECISÕES EGOÍSTAS

Sobre a percepção

A percepção é o meio pelo qual
a ignorância é trazida ao conhecimento.

SOBRE A PERCEPÇÃO

MEDITAÇÕES SOBRE O EGO

Sobre a negatividade do ego

O ego ensina que o Céu é aqui e agora porque
o futuro é o inferno. Mesmo quando ataca com
tamanha selvageria a ponto de tentar tirar a vida
daquele que acha que a sua voz é a única, o ego
fala ainda do inferno, até para ele. Pois lhe diz que
o inferno está aqui também e lhe pede que escape
do inferno para o esquecimento.

SOBRE A NEGATIVIDADE DO EGO

MEDITAÇÕES SOBRE **O EGO**

Sobre justificar o ódio

Só os que se acusam se condenam.

Qualquer que seja a forma que os teus
pecados pareçam tomar, ela só obscurece
o fato de que acreditas que são teus e
portanto merecem um ataque "justo".

SOBRE JUSTIFICAR O ÓDIO

Sobre descobrir tua verdadeira função

Toda decisão que tomas provém do que pensas que és e representa o valor que dás a ti mesmo. Acredita que o pequeno pode conter-te e, por limitar-te, não te satisfarás. Pois a tua função não é pequena e só descobrindo-a e cumprindo-a podes escapar da pequenez.

SOBRE DESCOBRIR TUA VERDADEIRA FUNÇÃO

Meditações sobre o Amor e os Relacionamentos

MEDITAÇÕES SOBRE **O AMOR E OS RELACIONAMENTOS**

Sobre o milagre do amor

Milagres ocorrem naturalmente como expressões do amor. O verdadeiro milagre é o amor que os inspira. Nesse sentido, tudo que provém do amor é um milagre.

SOBRE O MILAGRE DO AMOR

MEDITAÇÕES SOBRE O AMOR E OS RELACIONAMENTOS

Sobre honrar os relacionamentos

É impossível usar um relacionamento à custa de
outro e não sentir culpa. E é igualmente impossível
condenar parte de um relacionamento e encontrar
paz dentro dele.

SOBRE HONRAR OS RELACIONAMENTOS

MEDITAÇÕES SOBRE **O AMOR E OS RELACIONAMENTOS**

Sobre compreender os outros

Em todas as pessoas vês nada mais que o reflexo
do que escolhes que elas sejam para ti.

SOBRE COMPREENDER OS OUTROS

MEDITAÇÕES SOBRE O AMOR E OS RELACIONAMENTOS

Sobre o amor

O amor não é aprendido.
O significado do amor reside dentro dele.
E o aprendizado termina quando
tiveres reconhecido tudo que ele não é.

O amor não é aprendido,
pois nunca houve um tempo
em que tu não o conhecesses.

SOBRE O AMOR

MEDITAÇÕES SOBRE **O AMOR E OS RELACIONAMENTOS**

Sobre o encontro sagrado

Quando encontras alguém,
lembra-te de que é um encontro sagrado.
Assim como tu o vires, verás a ti mesmo.
Assim como o tratares, tratarás a ti mesmo.
Assim como pensares dele, pensarás de ti mesmo.
Nunca te esqueças disso, pois nele encontrarás
a ti mesmo ou te perderás.

SOBRE O ENCONTRO SAGRADO

Meditações sobre o Medo

MEDITAÇÕES SOBRE O MEDO

Sobre aceitar o medo

Quando tens medo de alguma coisa, estás admitindo o poder que isso tem de ferir-te. Lembra-te de que onde quer que esteja o teu coração, ali está também um tesouro. Tu acreditas no que valorizas. Se tens medo, estás valorizando de modo equivocado.

SOBRE ACEITAR O MEDO

Sobre assumir a responsabilidade sobre os teus medos

A correção do medo é responsabilidade tua.
Quando pedes a liberação do medo, estás
deduzindo que ela não é. Deverias pedir,
em vez disso, ajuda nas condições que
provocaram o medo.

SOBRE ASSUMIR A RESPONSABILIDADE SOBRE OS TEUS MEDOS

135

MEDITAÇÕES SOBRE O MEDO

Sobre encontrar satisfação na realidade

O que pode ser mais amedrontador que as
fantasias, e quem se volta para fantasias a não
ser aquele que se desespera por não encontrar
satisfação na realidade?

SOBRE ENCONTRAR SATISFAÇÃO NA REALIDADE

MEDITAÇÕES SOBRE **O MEDO**

Sobre a Expiação

Milagres representam libertação do medo.
"Expiação" significa "desfazer".
Desfazer o medo é uma parte essencial do
valor expiatório dos milagres.

SOBRE A EXPIAÇÃO

MEDITAÇÕES SOBRE **O MEDO**

Sobre a inutilidade do medo

Todos os aspectos do medo são irreais, pois
eles não existem no nível criativo e, portanto,
não existem absolutamente.

SOBRE A INUTILIDADE DO MEDO

Meditações sobre o Tempo

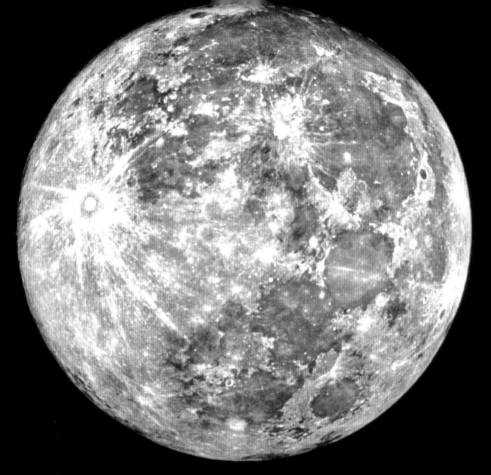

MEDITAÇÕES SOBRE O TEMPO

Sobre compreender
a natureza do tempo

O tempo e a eternidade estão ambos em tua mente
e estarão em conflito até que percebas o tempo
somente como um meio de reaver a eternidade.

O tempo tanto pode libertar quanto aprisionar,
dependendo de quem é a interpretação que usas.

SOBRE COMPREENDER A NATUREZA DO TEMPO

MEDITAÇÕES SOBRE **O TEMPO**

Sobre os sonhos

Reconheces, com base na tua própria experiência, que o que vês nos sonhos parece real enquanto estás dormindo. No entanto, quando acordas, constatas que tudo o que pareceu acontecer no sonho não aconteceu de fato. Tu não achas isso estranho, embora todas as leis daquilo para o qual despertas tenham sido violadas enquanto dormias. Não é possível que tenhas apenas passado de um sonho para outro, sem ter realmente acordado?

SOBRE OS SONHOS

MEDITAÇÕES SOBRE O TEMPO

Sobre o fato de não existirem coincidências

Não existem acidentes na salvação.
Aqueles destinados a se encontrar
se encontrarão, pois juntos eles têm
o potencial para um relacionamento sagrado.
Eles estão prontos um para o outro.

SOBRE O FATO DE NÃO EXISTIREM COINCIDÊNCIAS

MEDITAÇÕES SOBRE O TEMPO

Sobre ser enganado pelo tempo

Passado, presente e futuro não
são contínuos, a não ser que tu
lhes imponha continuidade.
Podes percebê-los como contínuos e
fazer com que sejam desse modo para ti.
Mas não te enganes, para depois
acreditar que é assim que as coisas são.

SOBRE SER ENGANADO PELO TEMPO

Sobre não se fiar na felicidade futura

Não te contentes com a felicidade futura.
Ela nada significa e não é a recompensa justa para ti.
Pois tu tens uma causa para ter liberdade *agora*.

SOBRE NÃO SE FIAR NA FELICIDADE FUTURA

MEDITAÇÕES SOBRE O TEMPO

Sobre desperdiçar tempo

O tempo pode desperdiçar assim como ser
desperdiçado.

SOBRE DESPERDIÇAR TEMPO

MEDITAÇÕES SOBRE O TEMPO

Sobre mudar o passado

Como podes mudar o passado a não ser em tuas fantasias?
E quem pode te dar o que pensas que o passado tirou de ti?
O passado não é nada.
Não tentes colocar a culpa da privação nele,
pois o passado se foi. Não podes realmente não deixar
que se vá aquilo que já se foi.

Índice Remissivo

A

Abertura para o aprendizado 36
Aceitação da vida 56
Acidentes, na salvação
não existem 148
Adversidade 12-23
Amor, e milagres 120
Amor não é aprendido 126
Amor/relacionamentos
118-129
Aparências, enganam 60
Aprendizado,
aberto para o 36
Ausência de fé 78

B

Buscar dentro 74

C

Caridade, na percepção 96
Compreender os outros 124
Conhecimento 24-41
Curador, tempo como 16
Curso em Milagres, Um
6-10

D

Dar, custo de 94
Decisões, egoístas 108
Deixar o passado ir 102, 156
Desejo, tentação como 40
Dor, não admitir 14

E

Ego 104-117
Céu e inferno 112
negatividade do 112
por conta própria 106
Encontro num relacionamento
sagrado 148
Ensinar, objetivo de 26
Escolhas 58
Esconder nada, não 82
Espírito como
inalterável/perfeito 48
Eternidade 144
Eu, ser verdadeiro com o 38
Expiação 138

F

Falsos valores, evitar 62
Fantasias como percepção
destrutiva 30, 136, 156
Fé/oração 64-79
Felicidade no futuro,
não se contentar com 152
Função, cumprimento 116
Futura, Felicidade
não se fiar na 152

I

Ídolos, não olhar para os 74
Instante santo 44
Irreconciliável
reconhecer o 66

L

Lembrando o que
realmente queres 76
Liberdade, causa para 152
Lições da vida 22

M

Mágica 66
Medo 130-141
corrigir/ assumir a
responsabilidade pelo 134
evitar 132
inutilidade destrutiva do 140
Mente aberta,
ter 88
Milagres
e amor 120
e Expiação 138
poder dos 18, 138
Mudança no modo de ver 28

N

Nada real pode ser ameaçado 10

O

Ódio, justificar o 114
Ódio, livrar-te do 86
Olhar além
do que vês 70
Oração 64-79
aparente fracasso da 68
e perdão 72

ÍNDICE REMISSIVO

P

Passado, culpar o 156

Passado, deixar ir/Perdoar o
102, 156

Paz 80-89

descobrir a perfeita 84

Paz e alegria

não escondendo nada 82

Pedir, tolice de 68

Pequenez, escapar da 116

Percepção como meio
de aprender 110

Percepção como resultado 28

Perdão 90-103

chave do 98

libertação do tempo 92

natureza do 92

pedir por 72

Perfeita paz, descobrir a 84

Pobres, os 46

Porta do Céu, destrancar a 20

Professor, e fé nos
alunos que ensina 32

Propósito, o teu verdadeiro 76

R

Realidade

distorcer/torcer a 30

encontrar satisfação na 136

imutável 60

Reconhecer o instante santo 44

Reconhecer o que importa
e o que não importa 100

Reconhecimento do que
existe 44

Relacionamentos 118-129

honrar os 122

Religião, e o irreconciliável 66

Resposta, encontrar dentro a 74

S

Sacrifício 54

Sagrado, encontro 128, 148

Salvação e coincidências 148

Sonhos, e realidade 146

T

Tempo 142-157

desperdiçar/ser desperdiçado 154

não-contínuo 150

natureza do 144

percepção do 144, 150

poder curador do 16

Tentação, evitar a 40

Tesouro para os
pobres 46

Teu caminho está
decidido 56

V

Valorizar nada, não 62

Valorizar o que
tens/és 34, 116, 132

Ver além dos
teus olhos 60, 70

Verdade(s) 42-63

busca pela 52

natureza da 48

proteger a 50

pureza da 52

Verdadeiro contigo mesmo,
ser 38

Verdades universais 42-63

Agradecimentos

O editor gostaria de agradecer às pessoas e organizações a seguir pelas imagens publicadas neste livro. Não medimos esforços para que todos os créditos fossem mencionados, no entanto, pedimos as nossas desculpas por omissões não intencionais.

Corbis 2 (Hans Strand), 13 (Markus Moellenberg/zefa), 15 (David Vintiner/zefa), 17 (David Fokos), 19 (Pat O'Hara), 25 (Bob Krist), 27 (Pablo Corral Vega), 29 (Anthony Redpath), 35 (Tamara Reynolds), 39 (Stefan Schuetz/zefa), 43 (Bill Ross) 47 (Charles O'Rear), 49 (Ron Sanford), 55 (Michael Amendolia), 57 (Kazuyoshi Nomachi), 59 (Gary Braash), 61 (B.S.P.I), 63 (Ben Welsh/zefa), 73 (Craig Lovell), 79 (David Katzenstein), 107 (Steven Vote), 109 (LaCoppola & Meier/zefa), 113 (Nik Wheeler), 115, 119 (Robert Essel NYC), 125 (Elisa Lazo de Valdez), 135 (Joe McBride), 137 (Annie Griffiths Belt), 141 (Arthur Morris).

Getty Images 23 (Val Loh), 31 (Sisse Brimberg), 33 (24-7 Dave Hansen/America), 41 (Angela Wyant), 45 (Nicho Sodling/Johner Images), 51 (Elena Segatini/Iconica), 69 (Joseph Devenney), 71 (Darren Robb), 75 (Keystone), 85 (Eliot Elisofon/Life), 97 (Atli Mar Berg), 131 (Hy Peskin), 145 (Neil Overy/ Gallo Images), 147 (Frank Walsh).

iStockphoto 53 (Rosemarie Gearhart), 87 (Nikola Bilic), 129 (Gustaf Brundin), 133 (Freder).

Jupiter Images 7, 9, 37, 77, 89, 91, 111, 139, 143, 149.

Johanna Ljungblom 83.

Scott Stoked 81.